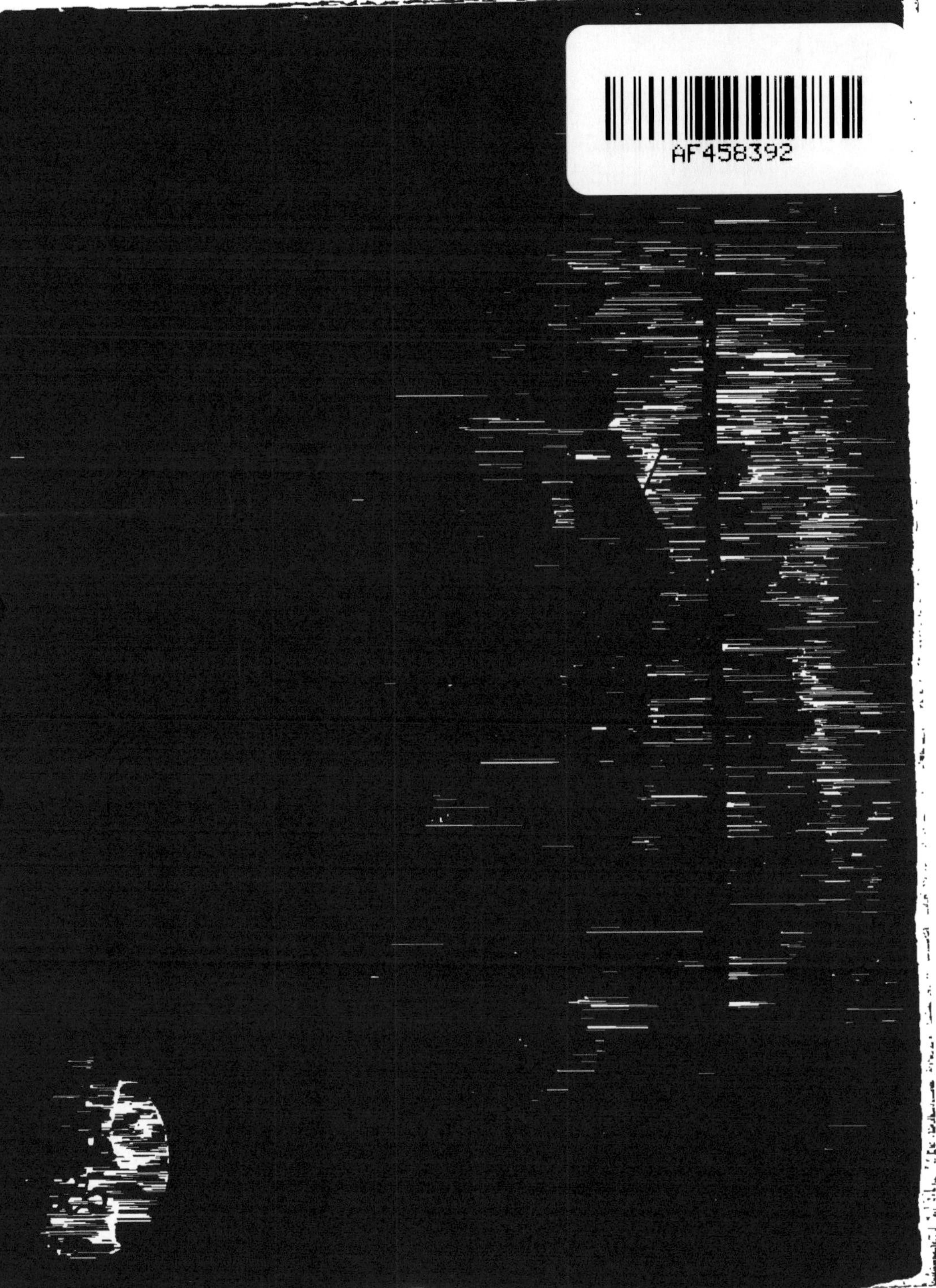

PAR MONTS

ET

PAR VAUX

par

CLAUDE MUCIH

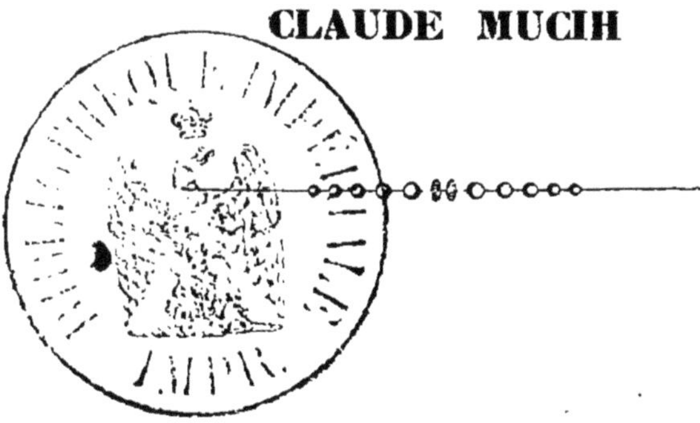

PARIS

CHEZ TOUS LES LIBRAIRES ET M[ds] DE NOUVEAUTÉS

1857

HAVRE. — IMP. LEPELLETIER, RUE CAROLINE, 6.

AVANT-PROPOS

L'érudit et graveleux Rabelais dit à ses lecteurs : « *Ne jugez pas trop facilement n'être*
» *au dedans de mon livre traité que moque-*
» *ries et folâtreries, vu que l'enseigne sans plus*
» *avant enquérir est communément reçue à dé-*
» *rision. Par telle légèreté ne convient pas es-*
» *timer les œuvres des humains.... C'est pour-*
» *quoi faut ouvrir le livre et soigneusement*
» *peser ce qui y est déduit. Lors connaîtrez*
» *que la drogue dedans contenue est bien d'au-*
» *tre valeur que ne promettait la boîte.* »

Moins graveleux que le célèbre auteur de *Gargantua*, si je possédais un grain de son érudition, c'est le prologue de son livre que j'aurais choisi comme Avant-Propos de ce modeste in-seize.

Claude MUCIH.

PAR MONTS ET PAR VAUX

PREMIÈRE PARTIE

Qui sait réellement où il va, sinon vers la mort ? Tel cherche un plaisir pour étape, qui donne dans un précipice.

Ainsi, lecteur, à quoi bon te dire où nous voulons aller ? C'est samedi, il est deux heures de relevée, le temps incertain nous jette par moments quelques rayons de soleil à la figure, comme ces boudeurs qui laissent échapper de bruyants éclats de rire et reprennent aussitôt un air refrogné.

Cependant nous sortons du Havre, mon fils et moi, sans *en-tout-cas*, sans bourdon de pèlerin, sans bâton de touriste ; de la Porte du

Perrey nous gagnons la rue qui conduit à Sainte-Adresse en traversant des bourbiers de terre glaise et en croisant des tombereaux chargés de briques. La fange est une californie dans toutes les cités, il ne s'agit que de savoir s'en servir, et ce proverbe : « on n'est jamais sali que par la boue, » n'est plus usité que chez les décrotteurs.

*
* *

Ça ! levons le pied plus haut, tendons le jarret, franchissons lestement le sentier qui court sur les premières couches de falaises et descend dans ce val, où la hutte du pêcheur cherche sans doute à s'abriter du vent de la tempête.

De la verdure, des toits de chaume, des vareuses étendues parmi des filets, de vieux marins, leur bonnet rouge sur leur tête grise, les mains dans les poches de leur veste à collet droit ; à côté d'eux les mères de leurs petits-enfants remaillant le tricot : — depuis longtemps pour nous, c'était là Sainte-Adresse.

Il y avait bien l'habitation d'un *Monsieur,* mais ce *Monsieur* s'était transformé lui-même en loup de mer, sa barque attachée au rivage attendait le flot avec impatience, et prêt à gagner le large avec elle, il terminait à la hâte une page commencée la veille dans sa cahute du rivage.

Aujourd'hui, de tout ça plus rien de vrai que cette partie de nous-mêmes, laissée partout où nous passons : le souvenir ! — si la maison, la cabane, le jardin d'Alphonse Karr sont restés, il s'est embarqué pour un autre rivage. Les chaumières des pêcheurs ont fait place aux villas, les sentiers tortueux, si connus des enfants et des amants, ont pris les proportions de la rue ; l'alignement y détruit le pittoresque qui ne connait d'autres règles que le caprice de la nature poussant un arbre dans l'accroc d'une roche, roulant au fond du val un quartier de rocher. « La verdure même sera bientôt un souvenir dans ce pli de la côte, pensâmes-nous en gravissant la falaise, car les toits ardoisés s'y touchent presque et y portent des numéros, la plage a son casino, et l'écho ne dit plus les chansons sans méthode de la mailleuse de filets et des jeunes gabiers : » — poursuivons !

*
* *

Doucement, me dit mon compagnon, et des provisions et un crayon pour moi ? je veux aussi écrire mes impressions et je sens que bientôt j'aurai faim.

Allons donc ! répondis-je, porter des provisions qui seraient embarrassantes, prendre un crayon quand tu as ta mémoire ? ce serait folie ! Mais durant que je pressais le pas autant que le permet la rapidité du sol, mon fils ne manqua pas de répliquer à part lui : « va ! je te connais !! parce que tu n'as pas faim, les provisions sont inutiles, et parce que tu as su te munir d'un crayon et de papier, tu trouves que je puis bien compter sur ma mémoire. »

*
* *

« Un pain de sucre ! » m'écriai-je aussitôt ; puis me dirigeant vers un artiste qui, flanqué d'un ami ou d'un admirateur, prenait un point de vue : « Monsieur, dis-je, en mettant mon chapeau à la main et en cherchant à déchiffrer son esquisse, quel est ce monument ?

— C'est écrit dessus, Monsieur ; montez, vous le verrez.

— Impertinent ! fis-je en moi-même, qu'il y ait une inscription sur le monument et que j'aie des jambes pour en approcher, cela se peut ; mais qui te dit que je sache lire ? — moi je t'aurais répondu : — Monsieur, vous m'ennuyez, passez votre chemin ; — et au moins je t'aurais dit la vraie vérité.

*
* *

Une ascension sur la falaise, une promenade, un voyage ne pouvant se transformer ni en biographie, ni en oraison funèbre, nous nous conténterons de faire remarquer que si le souvenir du comte L* était aussi lourd que le mausolée élevé à sa mémoire, ce serait un fameux cauchemar.

*
* *

Assis sur le granit où le fer scellé défend ce cône badigeonné, je plongeai du regard dans l'horizon, la mer m'apparût comme un grand vase aux bords ébréchés dans lequel on avait jeté quelques petites maisons de bois, restes de jouets d'enfants ; et les reflets d'émeraudes, les silhouettes des nuages vagues d'un autre océan — les flots de lave ardente qu'aspirait le soleil, les teintes du rubis effacées par la houle passant et repassant des yeux à ma pensée : Qu'elle page ! m'écriai-je, vite mon crayon, mon papier c'est là tout un Poëme !

« Enfant de l'onde amère qui grandit berçé par les vagues, hâvre qui protégea le radeau du normand............

— Pristi !

— Quoi donc?

—Mon crayon est cassé! et rien pour le tailler.

Un sourire qui n'osa briller de tout son éclat sur la figure de mon compagnon, perça son air moitié compatissant : « Bien ! me voilà vengé, exerce ta mémoire maintenant ; patience! un peu plus loin tu auras faim, ajouta l'enfant qui sentait le grand air aiguillonner son appétit.

*
* *

Cependant une lueur d'espérance s'offrit à moi sous la forme d'une baigneuse ; je crus encore mon poëme possible, et je me levai, certain que ma muse attendrie venait me présenter de sa belle main l'acier qui devait aiguiser mon style.

Le petit garçon et la petite fille qui l'accompagnaient et folâtraient sur l'herbe, c'étaient les amours badinant sur ses pas : que la Providence est grande et ma muse prévenante !

Mais la lame d'acier ne brilla point à mes yeux. La baigneuse chercha dans ses poches comme une simple mortelle, en vain ses bambins tatèrent dans leur gousset pour en ramener quelque petite lame à manche de nâcre : rien !

— Eh ! me dis-je en quittant l'élégante, si au lieu d'une mijaurée voilée, frisée, enrubannée et *encrinolinée* tu avais rencontré là une grosse fille de marin, elle eût eu dans ses braies de toile un bon couteau à te prêter, et ses enfants chacun un eustache à leur boutonnière.

Jeanne et Brigitte, qui autrefois habitaient cette côte, raccommodaient les hardes de leurs *petits* avec du rouge faute de brun et du blanc faute de noir, parce que la nécessité est la plus impérieuse des lois. Mais pouvant acheter des mètres d'étoffe de la même couleur, se seraient-elles jamais avisé de les déchiqueter pour en faire des costumes pareils à ceux que portent les enfants de cette parisienne ?

Société d'arlequins ! si jamais je trouve un canif pour tailler mon crayon. — Gare ! à toi.

*
* *

Dans cet espoir nous continuâmes notre route. Le vent qui grossissait se plût à contrarier nos mouvements et à siffler à nos oreilles. J'enfonçai mon chapeau sur mon collet ; mon compagnon crût utile de plier les voiles : c'est-à-dire son manteau qui en faisait l'office aussi bien que celui d'Icare ; puis le terrain déclive nous conduisit au fond d'une gorge verdoyante, où nous pensâmes tremper nos mains dans les flots bleus qui caressaient la côte. Mais cette cuvette a, nous dit-on, seize mètres de profondeur, et je crus prudent de ne pas m'en servir, en songeant que tant de nageurs se noient dans un verre d'eau.

*
* *

Non loin de là deux groupes de dames étendues sur le gazon et brodant de la langue autant que de l'aiguille animaient le *bervallet.* L'une d'elles exécrait un homme dont elle rappelait l'impertinence. Etait-ce pour mieux tromper le cavalier nonchalamment couché à ses pieds? le mobile de son cœur était-il un amour naissant ou quelque vieille haine d'amour usé? je préférai ne pas m'aventurer dans ce labyrinthe. Je me dirigeai, en évitant bourgeois et bourgeoises, vers un tertre ou deux douaniers étaient en expectative; et cette fois la pointe de mon crayon pût renaître sous les morsures peu incisives d'une dague mal emmanchée.

De là les côtes de Basse-Normandie s'élèvent en immenses degrés qui conduisent au Ciel; les barques, effleurant la vague sous les coups d'aviron, disparaissent ainsi que des coques de noix lancées par les enfants dans l'étang du village; les voiles blanches du sloop inondées de lumière scintillent comme un phare ou s'étalent sur l'onde comme une aile de mauve. Jamais le tableau n'est le même; un nuage qui file, un rayon de soleil qui perce les brouillards, un mât que voile au loin la brume, le blanc sillon de la vapeur qui fait reculer l'élément, l'algue marine ou le gluant warech prêtant aux flots tous ses reflets de cuivre, la goëlette légère jouant avec la brise, le brick aux larges flancs balançant sur ses ancres, que d'images diverses, que de tableaux limpides, que d'horizons de pourpre, rappellera longtemps pour nous le fond du *bervallet.* — Mais le temps fuit! fuyons avec lui!!

***

D'ailleurs les signaux nous appellent; les flammes, les drapeaux fouettent les cordages de ce navire improvisé dont le pont est un tapis de mousse, la carcasse, un coin de la falaise, sa dunette, le bureau des gardiens où nous ne trouvons personne qui puisse satisfaire notre curiosité par quelques renseignements.

Mais il y a tant d'autres satisfactions à puiser dans cet inénarrable panorama, qu'on oublie vite un désir! c'était tout-à-l'heure le frêle esquif du canotier qui courait sur la mer. Voyez maintenant ces deux gros oiseaux qui se confient aux vagues, comme ils glissent majestueusement du haut des lames, sans craindre les abîmes. — Tantôt leur corps surmonté d'un long cou porte un collier de blanche écume, tantôt leur tête seule domine encore le flot.

— « Oh! Tiens!! regarde comme ils plongent, répétait mon fils avec admiration! ce doit être certainement le mâle et la femelle, et leur nid est quelque part sous la falaise.

— Oui; mais quel est leur nom, quelles sont leurs habitudes, leur vie, leur chants? pas d'oiseaux qui n'aient leurs us instinctifs, leurs résidences d'hiver et leurs nids d'été, leurs chants d'amour et leurs cris de combats? Que s'il est beau de voir, il est heureux de tout savoir! Avançons, ajoutai-je, et nous apprendrons peut-être des personnes que voilà quels sont ces nageurs aux longs cous.

A peine eûmes-nous fait cinquante pas que nous savions en effet le nom de nos oiseaux, le nom de nos oiseaux!!.. — Bernardin de saint Pierre tu me l'avais bien dit : « l'ignorance ! ouvrage de la nature est souvent un bienfait envers l'homme ». Ceux qui croyaient le soleil conduit par Apollon n'en avaient pas une idée moins sublime que nos savants, pour qui le soleil est un globe fixe. Pourquoi maintenant ne sont-ils plus pour nous ces beaux oiseaux, que des *bouées* enchainées aux roches ?

—«Eh bien! montons aux phares, reprit mon fils, moins sensible que moi à la désillusion ou plus enclin à chercher un autre mirage; de la lanterne de ces pavillons l'œil doit toucher à l'Angleterre.»

— Pourquoi pas à l'Amérique, répondis-je ; et morne et silencieux je suivis incertain le feston de la côte où l'herbe essaie de reverdir courbée par la rafale. Si j'apercevais l'Angleterre, repris-je tout haut, demain je voudrais y courir, et si d'ici c'est quelque chose, mieux connue — je le crains fort, — l'Angleterre elle-même pourrait n'être plus rien.

— Et plus d'Angleterre, plus d'Anglais ! ajouta mon fils.

— Non pas.

— Comment ça ?

— Parce que les Anglais sont partout.... comme il y a partout des *Grecs*.

*
* *

Nous arrivâmes alors à la briqueterie de Bléville. Les manouvriers moulaient la brique, l'alignaient à plat sur le sol, la relevaient à moitié sèche, puis la superposaient en murailles à jours afin que l'air en enlevât mieux l'humidité. Ceux-ci délayaient l'argile, ceux-là criblaient le charbon de terre pour cuire la fournée prochaine, d'autres à la gueule du four alimentaient la flamme qui dardait au sommet ou plutôt l'excitaient. Au-dessus de l'atelier une épaisse fumée répandait une odeur fade, et des miasmes aqueux qui prenaient à la gorge, roulaient vers la mer et se dispersaient au vent.

N'est-ce pas là une image du travail incessant de la nature ? les eaux minent la pierre, usent les roches, broyent les galets en les remuant, entraînent les sables, délayent l'argile et forment ces limons que le soleil dessèche, que le temps pétrifie : dans lesquels et sur lesquels des myriades d'insectes, de végétaux et d'animaux habitent. A l'homme quelques brins de sable cuits pour abri ; aux existences incalculables émanées du souffle de Dieu ! les abîmes des mers ou les entrailles de la montagne.

Et ce pivot qui tourne, sur lequel un gros câble se roule d'un coté, se déroule de l'autre apportant un seau plein d'argile, emportant un seau vide,—n'est-il pas la fiction du temps sur lequel d'un bout notre siècle se roule montant toujours une nouvelle idée, tandis que les siècles passés de l'autre bout déroulent emportant un seau vide que tarirent des générations elles-mêmes épuisées ?

*
* *

Mais les signaux voisins de la briqueterie de Bléville excitant notre curiosité qui n'avait pas trouvé satisfaction lorsque nous passâmes près de ceux que suivent les phares : « Assurément, Monsieur, dis-je au gardien, c'est par humanité que ces postes vous sont assignés, il s'agit de prévenir les naufrages ou de porter secours aux naufragés, quand le naufrage n'a pu être conjuré ?. »

— Avant tout, nous sommes là pour indiquer les bâtiments qui font voile vers le port, et dont on affiche l'arrivée prochaine à la bourse : nous les apercevons à *douze lieues* d'ici, ajouta notre homme.

— Et figure-toi, dis-je à mon fils, que leurs chargements sont vendus dix fois avant qu'ils aient touché au port.

— Et les tempêtes ? ces gens là vendent la peau de l'Ours avant de l'avoir tué.

— Il s'agit bien de tempêtes et de fables ! ! Le monde d'aujourd'hui est plein d'assurance............ Et les choses sont aussi assurées que les hommes. La maison peut brûler, le navire sombrer, la récolte couler, il n'importe : le tout est assuré ! !

— Quoi donc peut remplacer la chose perdue! car enfin c'est vendre ce que l'on n'a pas et que peut-être l'on n'aura jamais.

— L'or, avec notre assurance, tenant lieu de tout, on établit la différence, et tout est dit. — Permets que j'établisse une différence. La vieille société était régie par deux idées : l'idée d'acquérir qui faisait l'homme industrieux, le savant ou le travailleur ayant pour devise : « Le travail vient à bout de tout »; l'idée d'avoir sans correctif qui faisait les voleurs, inspirait les brigands. — la société moderne à force *d'assurance* s'est modifiée, améliorée, perfectionnée ! ! ! Les gens laborieux sont ceux qui sèment, et les......autres ceux qui récoltent. — Je m'explique. — Le monde prouvant tous les jours qu'il s'améliore (que ne prouve-t-on pas !), les mêmes idées ne sauraient plus avoir les mêmes conséquences.

— Est-ce à dire qu'un voleur ne sera plus un voleur ?

— Il en est des mots comme des feuilles qui tombent au commencement de l'automne, dit Horace, les premières venues tombent les premières, les vieux mots tombent les premiers :— Il n'y a plus de voleurs ; vas-tu calomnier ton siècle maintenant? on est *habile* ou on ne l'est pas. Voudrais-tu que la moitié d'un peuple civilisé allât attendre l'autre moitié au coin d'un bois par des temps abominables? Ce serait de la barbarie ! ! on élève un monument splendide, bien aéré en été, bien chauffé en hiver, où l'on invite chacun à venir faire sa petite partie. La vie elle-même n'est-elle pas décidément un jeu, une spéculation? or puisque la vie est un jeu, une spéculation et non un vol, soyons logiques, et la différence entre l'ancienne société et la nouvelle c'est qu'il n'y a plus dans la dernière que joueurs ou joués. ! ! ! ! ! !

*
* *

Nous traversâmes en causant de la sorte les usines à briques et à chaux hydraulique qui s'échelonnent sur le territoire d'Octeville; une machine à vapeur monte les pierres calcaires du bas de la falaise dans des cages qui glissent sur des cordes. Plus loin c'est un cheval qui tient lieu de locomotive, et des rails posés presque à pic sur la roche soutiennent et dirigent de petits wagons.

Nous eûmes un instant la velléité de nous faire voiturer par ces convois qui nous eussent donné un avant goût des voyages aux antipodes et à la lune. Mais le vertige qui s'empara de nous alors que nous nous penchâmes sur l'abîme, nous fit reculer d'effroi! — Telle avait été mon émotion que je m'écartai des bords escarpés où le vide m'attirait, où le vent me courbait. Une main invisible me pousse, la pente augmente, la terre s'éboule, mes forces s'épuisent, la roche cède..... Un dernier cri meurt sur mes lèvres « des ailes! des ailes! »

*
* *

Mon pied heurta contre une pierre: ce rêve affreux était fini.

*
* *

Encore agité, j'essuyai la sueur froide qui perlait sur mon front, je me rapprochai de mon fils qui franchissait les genêts en courant, et je lui fis admirer la campagne où les terres nouvellement labourées, les chaumes de la dernière récolte, les trèfles encore verts, les plantations des métairies se développaient à notre droite; où les groupes de chênes s'alignent, se contournent, jetés comme en un vaste jardin anglais, où les mulons de blé s'élèvent ainsi que des cabanes d'indiens, puis offrent tout-à-coup de profondes échappées où le regard confond le frène et le brin d'herbe.

*
* *

Je présumé que mon fils était moins enthousiaste que moi des beautés du paysage, car il n'ajouta rien à mon admiration. Soit que la longueur de la promenade m'inspira déjà de prendre du repos, soit que cette idée ne devrait jamais abandonner l'être qui ne retrouve de forces que dans le sommeil; « pauvre terre, m'écriai-je, quand t'accordera-t-on un instant de relâche? Parce que sans être cultivée tu produis quelques herbes ainsi qu'un homme roule en sa tête quelques pensers en sommeillant : » Ne voyez-vous pas que d'elle-même elle travaille toujours? répètent les agronomes, et sans comprendre qu'ils te donnent la fièvre, ils t'offrent de violents breuvages, persuadés que tes forces sont intarissables! pour eux il faudrait donc que le repos fut la mort au lieu d'être son imparfaite image!

Mais Dieu les punira de leur témérité!

Ce qu'ils te refusent des mois, il te l'accordera des siècles! il chassera sous le fouet des autans les fils ingrats pour secourir leur mère.» Eh! moi-même votre père, le septième jour ne me reposai-je pas? allez, leur dira-t-il, allez! élèves de la science!! allez drainer les anciens orbes que j'ai repêtris en ces temps, et laissez-moi rendre la vie à celle qui, trop longtemps, se dépouilla pour vous!.

*
* *

Mais que dis-je ? notre fatale prédiction s'accomplit !... voyez cette cité détruite, ces murailles écroulées, ces débris calcinés ? penchez-vous sur la grève où se replie la vague : ce sont des restes de donjon qui défièrent les âges passés, des traces de logis, des fondations rasées de forts qui commandèrent ici en maîtres ; le fléau les a dépeuplés, le fer les a fouillés, le temps les a broyés ; et puis sous l'herbe du printemps, sous les fleurs de l'été, sous la mousse d'automne, sous les frimas du sombre hiver, leurs dépouilles s'effacent.

Artistes, accourez-tous et chargez vos palettes. Cette tour démentelée lutta longtemps sans doute avec la tempête qui mugit à ses pieds, ainsi qu'un peuple à moitié déchaîné : esquissez ses derniers contours, saisissez ses lambeaux, laissez votre pinceau fondre les tons de cendre sur les lignes bizarres des murailles écrasées...... non ! non ! quittez ces ruines, courons ! courons !! on crie au feu ! l'incendie dévore tout, la falaise s'embrase !!

Jusqu'en la destruction que tu es grand ! mon Dieu ! quelle torche que ta foudre, quelle voix que ton tonnerre, quelle grandeur dans les ruines où ta main a passé !

Oh ! quel tableau magique, quand l'incendie redouble ; quelle ville du péché va donc s'endormir sous la cendre ?

*
* *

« Pardon, Monsieur — me dit un homme qui tout-à-coup sembla sortir du vide — à vos pieds ce sont les carrières d'Octeville, et devant vous c'est le soleil couchant sur le cap d'Antifer »

*
* *

Quant à l'homme qui fit cette subite apparition, c'était un terrassier qui venait de gravir la falaise par une *avaleuse*.

*
* *

Dans l'admiration de ce tableau resplendissant, je poursuivis ma course sans m'apercevoir que mon compagnon marchait en traînard assez loin derrière moi. Un grain qui menaçait depuis longtemps de nous cingler, s'échappa comme d'une gerbe d'arrosoir. La mer changea d'aspect, et les conques de nacre qui se dessinaient ça et là disparurent bientôt sous des laves d'azur; à travers les filets de pluie le cap d'Antifer passa des couleurs de la flamme aux teintes rouges du fourneau sous la grille de son âtre. Un rayon de soleil brisa ces lignes, et lorsque le grain eût rafraichi l'herbe de ses dernières gouttes, je crus que par un excès de sympathie, mon compagnon venait de pleurer en même temps que le ciel.

Mais! qui te chagrine? lui dis-je, en voyant quelques larmes rouler sur ses joues de même que les gouttes de pluie sur les feuilles de genêts. Es-tu dèjà fatigué?

— J'ai faim, parbleu!

— Eh bien encore un instant mon ami et tu auras du pain.

Un reproche s'arrêta sur les lèvres de mon fils, car les villages étaient loin, la falaise n'offrait plus d'ateliers à traverser et partout enfin la solitude du désert faisait de ma promesse une amère ironie. Je sentis moi-même pour un moment l'impossibilité d'y satisfaire, j'entourai l'enfant de mon bras droit et lui donnai faute de pain quelques tendres baisers pour raviver ses forces ; puis, sans désespérer tout-à-fait d'obtenir la manne que j'avais promise : « Vois le beau paysage, m'écriai-je ; de ces huttes de gazons élevées par les douaniers, qui ne dirait des repaires où le chasseur vient traquer la bête fauve? c'est pourtant une embuscade où le douanier attend pour l'arrêter quelque homme porteur d'un chiffon tissé à l'étranger.

Silencieux l'enfant me devance.

Mais une voix se fait entendre, je me retourne, je prie, je tends la main.... mon fils avait du pain ; il déchirait à belles dents une croûte entamée par un autre, sans se demander si cet autre n'y avait pas laissé le germe d'une lèpre, et moi qui remerciai la providence de m'avoir donné raison de ne pas absolument désespérer d'elle, après avoir aussi remercié les terrassiers qui collationnaient dans une de ces huttes de gazon, je me dis : «Mieux vaut un morceau de pain bis et un bon appétit qu'un morceau de gâteau après le repas ; car demain comme hier, mon fils, qui mange avec délices cette croûte de pain tombée de la bouche d'un pauvre, refusera le morceau de galette entamé par sa sœur.

*
* *

Ce petit reconfort rendit au moins la sérénité à mon fils. D'un pas égal nous marchâmes gaiement ; et nous nous détournions de la crête de la falaise dans l'intention de demander l'heure à un poste de la douane, lorsqu'un second grain obliquement chassé par un coup de vent vint nous assaillir.

Un berger qui tout près de là avait laissé son troupeau à la garde de ses chiens s'entretenait avec un des chefs de brigade.

—Voilà, dis-je à mon fils l'image d'un pasteur d'hommes. Heureux d'avoir songé aux besoins de son peuple, il le confie aux soins de ses généraux, des plus équitables juges, et se repose de ses fatigues à côté du bercail.

— Mais ne trouves-tu pas que son peuple est tondu un peu près de la peau, reprit mon fils d'un ton goguenard.

— Je trouve que nous jugeons trop souvent mal de ce qui fait le bonheur d'autrui ; il en est d'un peuple et d'un troupeau comme d'un homme, s'il a l'habitude de se faire *raser* tous les deux jours, il est mal à son aise avec sa barbe le troisième, et dût-il être écorché, il se croit encore heureux de trouver un barbier.

*
* *

Animés par la course, peu rassurés par les nuages qui s'amoncelaient au ciel, après avoir leurs charmes, envieux qu'il est de leur fraîcheur ; mais l'enfant qui, de même qu'elles, s'élance vers le ciel, leur pureté dans l'âme, leur coloris aux lèvres, les aime, les recherche toujours, s'en pare ou les effeuille. Aussi mon fils franchit-il d'un bond la petite porte de cette délicieuse corbeille, et accourut-il joyeux m'offrir de partager sa moisson de réséda dont quelques brins ornaient sa boutonnière.

*
* *

Il n'en fallut pas davantage que cet innocent plaisir de nous parer de fleurs pour nous faire oublier les nouvelles menaces que le temps nous adressait, en voilant les rayons du soleil, aussitôt qu'ils venaient sécher nos vêtements humides. Heureusement le tapis de gazon qui couvre la falaise nous épargnait la boue et par conséquent le soin de regarder à nos pieds, dans ce chemin sans ornière où l'on retrouve de temps à autre le sentier frayé par les gardes-côtes ; où l'on chemine sans bruit, où la pensée peut librement voler, de l'abîme des mers aux vapeurs scintillantes, vers les clochers qui percent le feuillage du côté opposé.

Cependant nous aperçumes un nouveau poste de douaniers, et non loin derrière un groupe de métairies que l'on devine cachées sous les futaies superbes : « C'est Cauville ! pressons le pas, une fois au-delà nous apercevrons bientôt St-Jouen, notre étape.

— Pressons le pas ! pour gagner le poste de Cauville, ou nous allons essuyer un orage affreux reprit mon fils. » Courons ! courons !! répétâmes-nous ensemble.

Mais l'orage éclata, la pluie déborda des nuages à torrents, nos vêtements ruisselèrent de toutes parts, et lorsque haletants, nous touchâmes au seuil du poste, peu s'en fallait que nous ne fussions complétement traversés.

— « Messieurs, nous dit le brigadier, entrez et fermez la porte s'il vous plait, car le vent chasse de ce côté.

— Il était temps de se mettre à l'abri ! ajouta un homme étendu sur le lit de camp.

demandé l'heure nous reprîmes notre marche dans l'espoir de gagner St-Jouen avant la nuit, et d'y trouver un gîte.

Jusque-là nos yeux seuls avaient été charmés, notre oreille n'avait été ravie par aucun chant d'alouette, mais nous eûmes à peine quitté berger et douanier dont les montres marquaient cinq heures de relevée, qu'une brise embaumée nous prodigua de délicieux arômes. Les suaves odeurs qui s'échappaient ainsi que d'une cassolette nous firent éprouver une si agréable sensation que nous nous arretâmes émus, et que, cherchant la main qui semait ainsi les parfums, nous l'aperçumes cachée sous un parterre de réséda, où se jouaient aussi de fraîches marguerites.

C'était encore la main prodigue de notre mère — de la nature !!

Des fleurs ! qui ne sourirait aux fleurs dont la vue réjouit, dont les senteurs enivrent alors même que l'automne commence à dépouiller l'arbre de son feuillage ? le vieillard seul, hélas! peut à sa dernière heure résister à

— Bah ! si vous étiez obligés comme moi de rester ici vingt-quatre heures sans bouger de place, vous n'auriez pas reçu d'averses, reprit le brigadier, d'un air qui voulait dire : Que ne puis-je aussi me promener au risque d'essuyer l'orage.

— « Nous pourrions coucher à Cauville ? y a-t-il des auberges ? ajouta mon fils.

— Certainement, Monsieur, vous en aurez deux.

Ces auberges sont-elles loin de la falaise, repris-je.

— Le mieux sera de continuer votre chemin jusqu'à une avenue de peupliers que vous prendrez et au bout de laquelle se trouve précisément la meilleure, répondit l'homme du lit de camp.

— Regarde s'il pleut encore, dis-je à mon fils.

En ce moment le vent s'engouffra dans le poste et y chassa la pluie d'une telle force que sa bourrasque déracina complétement le faible espoir que j'avais encore de continuer jusqu'à St.-Jouen.

— Oh ! ce n'est pas fini ! fit le douanier en se retournant nonchalamment sur son matelas de planches.

— Du reste ne vous gênez pas, ajouta le brigadier. Puis ouvrant le tiroir de son bureau : « Quant à moi, pas moyen d'aller dîner à l'auberge. Voici le rôti ! deux tartines de beurre.

Les sentiments de ces deux hommes étaient bien différents. L'un jouissait de se voir à l'abri en songeant qu'il ne lui faudrait que trop tôt aller faire faction par ce temps affreux, l'autre regrettait la liberté en homme forcé de rester enfermé.

—Eh bien ! nous coucherons à Cauville, c'est décidé, ajoutai-je.

Et comme je parcourais les titres de volumes que j'avais aperçus en faisant face à la muraille contre laquelle je m'appuyais étant assis : « Monsieur me dit le brigadier c'est là toute notre bibliothèque.....

— Qui deviendra inutile dès que le libre échange sera complètement admis ; car elle est composée des lois qui traitent de l'entrée des marchandises étrangères et des contraventions à ces lois.

— Le libre échange? fit notre homme, pas possible! ça, Monsieur.

— Aujourd'hui, non, parce que nous ne sommes pas encore en mesure, que nos provinces manufacturières en souffriraient.

— Et nous donc! si *votre* système était admis que deviendrions-nous, s'il vous plait? savez-vous que nous sommes *quarante mille hommes?*

J'avoue que je fus assez poltron pour reculer devant cet intérêt personnel soutenu de quarante mille hommes; mais en m'esquivant le mieux possible sous prétexte qu'il nous fallait gagner le village. Que l'homme est singulier! m'écriai-je; en voilà un qui à l'instant se plaignait d'être contraint de passer vingt-quatre heures au même poste, et on ne lui a pas plus tôt fait entrevoir que demain il pourrait être libre, qu'il pleure sa chaîne et s'y cramponne de toutes ses forces.

— Puisque nous ne sommes que contradiction, reprit mon fils.

—Notre homme ne voyant que la liberté dont nous jouissons, s'est aperçu qu'une pareille liberté serait pour lui un congé définitif sans moyen d'existence; or il a trouvé bien vite, repris-je, que mieux vaut quelques heures de prison avec une tartine de beurre que la clef des champs avec la fringale. Mais nous lui ressemblons tous; tous, nous médisons du sort sans jamais songer à mettre à profit la sagesse de l'âne, qui s'écria : Eh! que m'importe .....

Dum portem clitellas meas!!

* * *

Oui! que nous importe!! puisque chacun à son fardeau; prenons ce qui vient, accommodons-nous de ce que nous trouvons. Ici c'est un val délicieux, c'est l'étroite allée de peupliers qui nous doit conduire au gîte indiqué.

Ne descendrons-nous pas jusqu'au bord de la falaise qne nous avons abandonné en appuyant sur la droite ? la pelouse de ce val est si épaisse, ses coteaux sont si verdoyants, l'écume de la vague qui voltige sur l'azur, la pourpre du manteau que le soleil couchant y traîne est si claire et si vive !! les voiles du brick et des nacelles animent si gracieusement ces tableaux aux spendides cadres, que jamais œil humain ne saurait s'en lasser ?

Mais quelle est cette voix ? ce soupir harmonieux que l'écho nous apporte?

Est-ce une mère qui prie? est-ce un enfant qui pleure ? venez ! venez la voir ! c'est Naïs qui chante de plaintives idylles, qui redit sur la roche de tendres élégies. Comment près de Naïs, dans ce berceau de mousse, n'est-il pas encore de châlet ? poètes, artistes, amants, eh quoi ! votre lyre, vos pinceaux n'ont pas encore ici convoqué les neuf muses et réuni les grâces de myrte couronnées ?

Venez, l'urne de la naïade chantera sous vos pieds, en les rafraîchissant de son onde limpide ;

Inclinée sous vos pas l'herbe les essuiera, le

bercement des vagues entretiendra vos rêves, et quand le Dieu des songes vous abandonnera sous les peupliers verts, vos pinceaux, vos crayons, vos accents mélodieux, votre verve flexible et jusqu'à vos amours, de ce val solitaire emprunteront les charmes !

Votre soif étanchée aux filets de la source,
Vers Paris, plus dispos vous prendrez votre course;
Puis vos teints affadis l'hiver, à l'Opéra,
Retrouveront ici leur premier incarnat !

Poursuivez avec nous; déjà, je le suppose, un repas frugal nous attend dans la salle de l'auberge qui point sous la verdure.

Quels jolis peupliers ! à leurs pieds quel silence !!
Quel repos pour votre âme après la turbulence?

Nous reviendrons déjeûner sous ces arbres, nous descendrons par l'avaleuse sur le sable doré par les feux de l'aurore.

Oui ! là, demain, dimanche, à l'hymne du matin,
Nous offrirons nos cœurs au Dieu du pélerin ;
En le remerciant du plaisir qu'il nous donne ;
Pour lui, nous confierons un diadême aux flots,
Un souris pour la vierge, une fleur pour son trône,
A la belle Naïs nos âmes pour échos !!

Donc, à table ! en attendant un lit.

*
* *

Non, Monsieur, ce n'est pas possible ?

— Comment il nous est défendu de goûter à cette omelette, et vous ne pouvez nous donner *un lit* pour la nuit ?

— Une omelette, on pourrait en faire une autre ; mais un lit, assurément non.

— Bien ! on les conduira à la grand'ferme ?

— Es-tu bête ! c'est *y* des gens comme *cha* qu'on conduit à la *grand'ferme* ? répondit la femme de la maison au petit gars qui venait de donner son avis ; je compris que le lit de la grand'ferme, c'est l'étable. Et certes la femme était plus *bête* que le gars qui nous offrait la litière destinée aux pauvres touristes et aux mendiants, car « sur la paille on peut dormir » avec un paletot rapé non moins bien qu'avec des haillons.

Cependant, compagnon lecteur, nous sommes assez *sots,* assez *fiers* pour ne pas accepter cet offre, et nous allons de ce pas chercher l'hospitalité ailleurs dans l'espoir de trouver un plus mol édredon. Qui n'a jamais en sa vie lâché la proie pour l'ombre ?

Sortis à peine du cabaret improprement paré du nom d'auberge, nous nous dirigeâmes vers un clos et de là nous arrivâmes aussitôt à la porte d'une habitation qui sent son bourgeois.

Quelques coups de clanche firent aboyer le chien du logis, la pluie recommença de tomber avec le jour. « Si le maître de la maison est jeune, dis-je à mon fils, il est probable qu'il nous recevra ; s'il est vieux, non. » A ce moment un homme d'un soixantaine d'années ouvrit la porte assez pour voir qui arrivait chez lui, mais pas assez pour que nous puissions entrer. Mon fils se tenait derrière moi. Durant que cette personne allongeait la tête entre le côté ouvert de la porte et le côté fermé en écoutant ma supplique, son chien y passait la sienne pour nous flairer. Les idées que notre aspect éveilla chez le vieillard étaient loin de nous valoir un abri, et la porte restait entrouverte seulement, lorsque mon fils en la poussant, fit reculer l'homme et le chien qui enfin nous laissèrent entrer. « Restez un peu à l'abri, dit alors forcément le vieillard, mais je ne puis vous coucher, attendu qu'il n'y a que deux lits ici : le mien et celui de ma servante.

La porte ouverte, debout dans un corridor sombre, nous regardions la pluie tomber avec le désir de la voir cesser bien vite pour nous remettre en quête d'un gîte : nous étions piteux à voir.

Inquiet, mon fils sortit tout-à-coup et prétendit que l'averse devenait supportable, mais soit que le vieillard ne nous trouvât pas *dangereux* en nous considérant de plus près, soit qu'il eût quelque honte de nous mettre à la porte par le temps qu'il faisait, il nous dissuada de partir sur le champ, appela mon compagnon et nous invita à passer dans sa cuisine dont-il nous indiqua le chemin en y entrant lui-même.

Il reprit probablement la place qu'il occupait à notre arrivée à sa porte, et assis devant une table sur laquelle était une plume, un encrier et des feuilles de papier écrites à moitié, il nous pria de prendre des siéges. Je me plaçai devant la cheminée où fumaient quelques tisons, mon fils devant la seule fenêtre qui donne un jour incertain à cet appartement, et pendant que le vieillard m'interrogeait sur la santé d'un sien collègue de mon pays, mon compagnon interrogeait le temps. Tout en répondant machinalement aux questions qui m'étaient faites, je regrettais de ne pas voir paraître la servante, d'abord parce que je ne croyais pas qu'il n'y eut réellement que deux lits dans la maison, ensuite parce que l'avis de la bonne pouvait être d'un grand poids dans la question d'hospitalité que nous avions posée et que je voyais encore pendante. Partout il n'y a qu'influence, me disais-je, deux personnes ne peuvent vivre sous le même toît sans influer l'une sur l'autre, et si les plus grands hommes ont subi parfois l'influence d'un valet de chambre, un mot de la servante ici pourrait bien nous valoir une meilleure et plus longue réception, — mais elle ne vint pas, le maître du logis nous indiqua une auberge à *Buglise*, qui se trouve de l'autre côté de la route de Fécamp au Havre ; et mon compagnon qui avait peu de sympathie pour cet abri se leva sur ce, en s'exclamant : voyons allons-nous en ! — Allons-nous en ! répondis-je, car la nuit arrive et nous n'avons pu encore trouver d'oreiller.

*
* *

Cela dit, le vieillard se garda bien de nous retenir. Il nous prouva même combien il était satisfait de nous voir partir en prenant la peine de nous conduire, jusqu'à la sortie de son clos, malgré la pluie qui tombait toujours. *Mes enfants*, nous dit-il alors, voici la grand'route à deux pas et le chemin de Buglise un peu plus loin, à votre droite : bon soir !

— Bon soir !! — *bon père*, ajoutai-je tout bas.

*
* *

— Dès que nous eûmes gagné la grand'route où nous étions passés le matin en voiture, la légère satisfaction de nous trouver au moins sûr un bon chemin, nous rendit la parole.

— C'est fort tout-de même ! fit mon compagnon.

— La réception qu'on nous a faite là, n'est-ce pas ?

— Oui, parbleu !

— Ce qui est bien plus fort c'est que demain peut-être les habitants de cette paroisse entendront un beau sermon sur la charité !!

— Sais-tu qu'elle est gentille cette maison ajouta mon fils en se retournant, sa blancheur perce l'obscurité.

— Oui ! répondis-je, dans cette maison blanche à l'extérieur nous avons trouvé un appartement noir, — que de gens sont comme ce logis qui portent du noir sous du blanc, et sous un visage attrayant nous cachent un cœur sombre !

*
* *

Peinés d'abandonner la falaise que nous désirions reprendre le lendemain, de plus en plus déconcertés nous continuâmes à suivre la grand'route dont le ruban, sous les voiles de la nuit, se déroulait ainsi qu'une seconde voie lactée. En face même du chemin que nous devions prendre, deux femmes mal vêtues parurent à gauche et nous firent apercevoir une maison à un étage en appelant notre attention. « Si nous frappions à cette porte dis-je à mon fils. Puis m'approchant de ces personnes, recevant l'assurance de leur part que les maîtres de cette maison nous donneraient l'hospitalité avec plaisir, nous quittâmes le grand chemin avec empressement pour prendre celui qui y conduit : ainsi l'on court après les déceptions.

*
* *

Arriver à la barrière, de là à la porte de la ferme, fut l'affaire d'un instant, trouver à qui parler fut un peu plus long, mais nous entendîmes enfin chanter dans un bâtiment voisin, où nous trouvâmes une bonne occupée à traire les vaches. En nous apprenant que le *maître* et la *maîtresse* étaient sortis et qu'il fallait que nous les attendissions, elle ne parut pas douter qu'on nous accordât l'hospitalité. Pendant que je lui adressais quelques questions qu'elle trouva fort singulières peut-être, sinon indiscrètes, un domestique vint faire la litière des chevaux , et je parus moi-même certain du bon accueil que le maître nous ferait, en apprenant qu'il a une trantaine d'années seulement.

Mon fils comprenait ma pensée ; plus le cœur est jeune, moins l'homme est égoïste. Il est riche d'un avenir qu'il voit toujours brillant ; les déceptions n'ont pas encore ravagé ses espérances. La nuance particulière de son caractère peut venir de l'éducation, des idées reçues dans sa famille, mais le fond, chez lui, de quinze à vingt ans, c'est de la fraternité pour quiconque a son âge et partage ses joies.

De vingt à vingt-cinq ans c'est de la passion pour toutes les grandes idées d'humanité. Fougueux, ardent, il défend celui qu'on accuse, combat celui qui opprime.

De vingt-cinq à trente ans, c'est de la philosophie railleuse, de la foi, pour toutes les doctrines qui tendent à émanciper l'homme ; c'est de la moquerie pour tout ce qu'on érige en mystère, c'est du mépris pour tout ce qui arrête l'essor de son amour et de son premier raisonnement ; — de trente à trente cinq ans, c'est une conviction qu'il veut faire triompher mais avec moins de désintéressement, déjà ! car il entrevoit dans le triomphe de ses idées son propre triomphe, et il s'assigne alors une place qu'il croit lui être dûe ; — de trente cinq à quarante ans, c'est de l'orgueil s'il a reussi ; c'est de l'inquiétude et de la rage s'il a échoué ; — de quarante à cinquante ans, c'est de l'égoïsme toujours, de la négation pour tout ce qu'il a affirmé, de l'oubli envers ses amis déchus s'il a reussi, du mensonge envers ses enfants à qui il répète n'avoir jamais eu ni leur fougue, ni leur désintéressement ; c'est de la récrimination envers ceux qui sont parvenus s'il est resté en route, de la mauvaise foi partout ;—de cinquante ans à la fin de sa carrière, vaincu ! c'est un cynisme éhonté qu'il affiche ou de cruels regrets qu'il ne peut contenir ; vainqueur et fortuné !! c'est le pressentiment pénible qu'il lui faudra bientôt céder sa position à plus jeune que lui. Sa position ! qui lui a coûté tant de travaux, parfois tant de bassesses, que son éternelle possession ne serait pour lui ni une trop belle récompense ni une trop grande compensation. Oui, quelle que soit la condition de l'homme, il a, il aura ou il a eu des sentiments divers, relativement à ceux qu'il appelle ses amis, ses collègues , ses compatriotes ; et penser que le cultivateur de trente ans que nous attendions est meilleur qu'il le sera à quarante, ce ne pourrait être ni faux ni injuste.

*
* *

La bonne, qui ne mit pas plus de temps à

traire sa dernière vache que moi à faire ces réflexions, nous invita à entrer à la maison, nous la suivîmes ; elle se retourna vivement, ne dit mot, puis reprit sa route. Mais ce mouvement avait suffi pour décider le garçon d'écurie à se joindre à nous. Car cette hésitation disait : « Vous n'allez pas sans doute me laisser seule avec ces inconnus. »

Je n'eus pas la moindre humeur contre cette fille, et toi-même, lecteur, tu aurais pu inspirer les mêmes craintes ? Aujourd'hui tout le monde est mis de la même manière, personne n'est *fait* comme un voleur, mais honnête homme et gibier de potence inspirent les mêmes soupçons : ne sommes-nous pas tous civilisés ? on peut ne jamais payer ses tailleurs, mais on a toujours un habit.

Entrés dans la maison, nous nous approchâmes du feu que le domestique raviva; et lorsque la bonne eut donné de la lumière, je me hâtai de poser mon pardessus, de prendre mon crayon et mon papier, et d'écrire, appuyé sur un coin de la table, le récit de notre excursion depuis Cauville jusque là !

Si je m'étais contenté de laisser mon crayon courir sur le papier, le calme qui se fit eut continué, mais la bonne et le domestique m'entendant narrer en même temps qu'écrire, les éclats de rire se succédèrent, des doutes s'élevèrent sur nos dernières impressions et nous devînmes une énigme pour ces gens.

« En ce moment nouvelle incertitude » m'écriai-je en terminant ; puis un coup de fouet se fait entendre, les domestiques sortent pour aller avertir leurs maîtres de l'hospitalité qu'on leur demande, en donnant peut-être de singulières explications sur nos personnes !

Mon papier et mon crayon restés sur la table, mon paletot sur le dos d'une chaise, je me rapproche du feu avec le pressentiment que je puis être forcé de le quitter. L'idée qu'il me faudrait alors cheminer de nuit dans la boue, quand la douce chaleur du foyer me serait nécessaire pour me défatiguer, m'arrache un soupir que j'accompagne de ce regard pénible que tout homme jette à ce qui lui procure du bien-être, lorsqu'il est sur le point d'en être privé.

*
* *

Mais des pas se font entendre, je crois voir le maître de céans m'accueillir avec la figure d'un bon villageois de trente ans, je me lève : c'est une femme *dégagée* des plus beaux avantages de son sexe qui paraît et nous éconduit au premier mot.

Enfin c'est le mari qui appuie l'opinion de sa femme et son refus d'hospitalité de ce que nous sommes *au milieu des auberges*.

Comme par crainte de sentir un nouveau regret à étouffer en apercevant le feu, je remets mon paletot le dos à la cheminée. J'écris sur mes tablettes : « refus complet », je salue, mon fils me donne le bras, et de la lumière nous passons dans les ténèbres ; du coin du feu dans la boue.

*
* *

Comprends-tu, dis-je à mon fils, que dans cette maison, l'être qui a le dessus c'est la femme, et que le maître *soi-disant* n'a parlé qu'après la *maîtresse* : l'être le plus fort n'est pas toujours celui qu'on pense tel. Voilà un effet de l'influence dont je te parlais il y a un moment.

Les enfants, les pauvres, les domestiques sont les seuls qui trouvent qu'on peut nous loger.

Les enfants parce qu'ils sont bons purement et simplement, et que pour eux un lit de paille vaut un lit de plumes. Les pauvres parce que, d'une part, ils ont besoin d'implorer la charité eux-mêmes et que, d'autre part, il leur semble que s'ils étaient riches ils seraient meilleurs que ceux qui le sont ; enfin les domestiques disent que leurs maîtres pourraient nous recevoir dans l'espoir que l'hospitalité qui nous serait accordée leur vaudrait la pièce.

*
* *

Cela peut bien être vrai, répondit mon fils, en tâtonnant de peur de tomber dans un bourbier où il devait se fourrer deux pas plus loin, avec l'assurance d'un homme qui tient le haut du pavé ; cela peut bien être vrai. Mais tu m'avoueras qu'il est honteux de voir un français refuser l'hospitalité à un français, quand elle lui est accordée par des peuples qu'il traite de barbares. J'ai lu qu'en Asie si un étranger vient à passer près de la tente d'un grand, il se met à table ; qu'après lui avoir fait un salut et loué Dieu, il continue sa route, sans que personne lui demande qui il est, d'où il vient et où il va.

— Point n'est besoin d'aller en Asie chercher des exemples de ce genre, l'Europe a été fort hospitalière : — les germains, les gaulois, les francs, nos pères, se deshonoraient en refusant l'hospitalité aux voyageurs marchands ou pélerins. Mais si les déserts de l'Asie, si les forêts à traverser et les chemins peu sûrs en Europe ont fait de l'hospitalité un devoir religieux, aujourd'hui que les chemins sont bien frayés et que partout on est *au milieu des auberges*, comme nous a dit le fermier, l'hospitalité a perdu sa raison d'être.

— C'est donc reprit mon fils que plus les chemins sont bons, moins les hommes le sont?

— Non c'est que les cœurs sont ferrés comme les chemins.

*
* *

Mais que de temps perdu à attendre en vain ! fit plus loin mon compagnon que la promenade nocturne réjouissait peu, quoique nous eussions regagné la grand'route.

— C'est-à-dire que de leçons pour toi qui es jeune, repris-je, te vois-tu seul errant à l'aventure dans le monde? comprends-tu quel isolement on y trouve, quels refus on y essuie, quelles déceptions on y rencontre? Figure-toi que nous sommes à deux cents *lieues* de chez nous sans argent, hein ! quelle situation !

— A deux cents lieues d'ici les hommes sont peut-être meilleurs.

— Ou plutôt notre qualité d'étrangers exciterait peut-être la pitié. Je crois que le mieux est de ne pas avoir besoin de cette pitié là, et je suis du sentiment de l'auteur qui dit : « Tel met précieusement sur son secrétaire le buste de Socrate qui ne recevrait pas le philosophe dans sa maison s'il était en vie, et contribuerait à sa mort s'il était persécuté. »

Mais il s'agit de décider, ajoutai-je en m'arrêtant, si nous prenons ce chemin qui nous conduirait à Buglise , si nous allons au café *terreux,* ou enfin si nous poussons jusqu'au café Randou. Aller à Buglise c'est bien nous éloigner de la falaise que nous désirons reprendre demain.

—D'accord, ajouta mon fils, mais je ne couche pas au café terreux.

— Eh bien ! allons au café Randou.

Toutes les fois que nous décidons de ne pas prendre un chemin, de ne pas suivre un premier mouvement , notre pensée reste encore attachée un instant à ce que nous abandonnons.

Tout en allant vers le café Randou, avec la certitude d'y trouver un lit pour notre argent, je songeais donc à la réception que nous eûssions pu avoir à l'hôtellerie de Buglise.

*
* *

L'instant d'après nous entendîmes une voiture et distinguâmes la lumière vacillante de sa lanterne. Nous prîmes cet objet comme premier point à atteindre, car de même que le vieillard n'ose plus se proposer pour but la fin de l'année qui commence, le voyageur fatigué aime à se donner des buts intermédiaires à toucher, dans la crainte de faillir d'appréhension en songeant à toute la route à parcourir.

La voiture était un but d'autant plus facile à toucher qu'elle venait à nous, elle nous croisa bientôt, et lorsque nous occupâmes le milieu de la route qu'elle nous avait forcés de quitter, je sentis le bras gauche de mon compagnon s'accrocher au mien, comme pour m'empêcher d'entrer au café terreux, en face duquel nous arrivions.

— Ne crains rien, lui dis-je, nous n'entrerons pas là, mais l'idée qui m'éloigne de ce lieu est loin d'être la tienne; chez moi c'est l'horreur de la malpropreté, chez toi c'est la peur d'être martyrisé, coupé par morceaux et baigné dans ton sang.

— Oui, tais-toi, dit mon fils en me serrant le bras, j'ai peur ! ! pressons le pas.

— Ce ne sont plus des coups de flamme dans le poitrail d'un cheval, des coups de poinçons dans les cuisses d'un autre, et les jarrets coupés d'un troisième que ton imagination frappée te rappelle. Ce martyre ! elle te le fait subir en te plaçant comme seule et impuissante victime à la place des chevaux, dont le conducteur nous a raconté ce matin, la triste histoire.

— Oui ! reprit mon fils, d'une voix entrecoupée, c'est le récit du conducteur qui me poursuit : avançons !!

Eh bien ! quand je te recommande de ne

pas faire peur à tes petites sœurs, n'ai-je pas raison? Ne sens-tu pas que nous sommes aussi affectés par le trouble de notre imagination que par ce qui nous touche réellement? Si ce matin le conducteur, auprès de qui nous étions sur le siège de la voiture, nous a raconté qu'en cet endroit ses chevaux de relais ont été martyrisés à plusieurs reprises, il nous a dit aussi que les gens du café n'y étaient pour rien; que la première faute retombait sur un domestique qui, payé pour coucher dans l'écurie, ne le faisait pas et que l'homme soupçonné d'avoir commis par vengeance ces épouvantables actions sur de pauvres bêtes, est mort aujourd'hui;— Mais ton imagination troublée ne tient aucun compte de ces observations, et dans son trouble, voilà qu'elle te montre des assassins où il n'y a que de braves gens capables tout au plus de *t'empoisonner*.... avec l'esprit du liquoriste.

***

— La prudence, continuai-je, veut qu'on

ne s'expose pas à voyager la nuit avec de l'argent sur soi ; le sentiment de conservation nous guide dans le danger, en nous inspirant de fuir ou de nous défendre, suivant que nous sommes faibles ou forts, relativement aux agresseurs; mais la peur nous montre un péril ou il n'y en a pas.

Quand tu serais seul, ne passerais-tu pas ici aussi tranquillement que tu y passes avec moi? tu vois donc bien que ta raison céderait à la peur bien stupidement, car je n'ai, en supposant une attaque, ni bâton pour te défendre, ni force herculéenne pour terrasser un brigand.

Je ne sais si ces derniers mots procurèrent une double vue à mon fils, mais il distingua bien loin dans la pénombre de la nuit des personnes à travers champs, et son avertissement répété me les fit aussi percevoir. Bientôt même il nous parut qu'arrêtées sur le bord du fossé, elles nous attendaient.

— Elles attendent! fit mon compagnon.

— Eh bien! qu'elles attendent, répondis-je,

elles nous entendront passer, la hardiesse se gagne aussi bien que la peur.

Cependant je compris que ma réponse ne rassurait pas mon fils, et que son imagination travaillait de nouveau en prêtant aux ombres des intentions qui devaient nous être funestes.

— Voyons, repris-je, si ce que nous découvrons d'ici est réellement la silhouette de quelques personnes, pourquoi avoir l'idée qu'elles nous attendent pour nous faire du mal? il me semble qu'elles peuvent tout aussi bien être des amis qui vont se quitter en s'embrassant, des parents qui vont revoir leurs fils, et les serrer dans leurs bras, des frères qui viennent au devant de leurs sœurs, des gens enfin qui attendent l'occasion d'une noble jouissance au lieu de convoiter celle d'un crime? prêter de mauvaises intentions aux autres et nous glorifier des nôtres, est-ce notre science unique ?

* * *

Mais deux minutes plus tard ces ombres n'étaient plus des personnes. Prenant la forme de bestiaux accroupis à mesure que nous avançâmes elles parurent changer de nature et de position, pour n'être finalement que des arbres. Toutefois , plus satisfait encore de toucher au café Randou , que de m'entendre raisonner sur la peur, savourant déjà son souper , croyant goûter le plaisir de s'asseoir au coin du feu, voir le lit où il devait s'étendre, mon fils pressa le pas pour entrer le premier au gîte.

*
* *

Dès qu'on touche à un but, qu'on termine un ouvrage, il semble que rien ne délasse comme cette espèce d'exclamation ou de soupir qu'on laisse échapper avec abandon et qui veut dire : enfin ! nous y voilà ! ! Cette exclamation poussée, notre premier mot fut qu'on nous couvrit un lit et qu'on nous fit à souper. Le souper, selon nous, pouvait au moins se composer des vives qui , posées sur la table, attendaient la marmite ; le lit pouvait être plus mauvais encore que le souper, s'il est un mauvais lit pour des gens fatigués. Mais hélas ! il était dit que le gîte si longtemps désiré ne nous serait pas accordé. La femme de la maison, placée devant la cheminée et prête à faire cuire son poisson, nous répondit qu'elle ne logeait pas. Un homme à cheveux gris, penché sur la table et qui cuvait sa boisson, essaya de parler. Le cafetier rentra chez lui la pipe à la bouche nous fit observer que, pour nous loger, il lui faudrait en référer au Maire, et que c'était trop de dérangement. Pendant que nous fîmes quelques instances, l'homme ivre essaya une seconde fois de parler, sa trogne violette s'agita, tout son individu se contourna, il gesticula, et sa langue paralysée se dégourdit assez pour nous faire comprendre qu'il offrait de partager son lit avec nous. — « Quel tort j'allais faire à la société, me dis-je; parmi ceux qui ont du cœur j'aurais oublié les gens saôuls. »

*
* *

Tandis que je considérais le vieux biberon avec autant de peine que de dégoût, quoique son bon cœur plaidât en faveur du genre humain, la femme de la maison s'anima de telle sorte, le mari nous refusa si obstinément un lit, que notre embarras devait se lire de plus en plus sur nos visages.

Le biberon répétait d'une voix rauque : « *On est des hommes... ou on n'en est pas!!* » Je le considérais toujours, et mon fils commença à désirer fuir de cette maison autant qu'il désirait y arriver tout-à-l'heure.

Cependant je demandai qu'on nous servit à souper ; le cafetier y consentit ; mais sa femme passa alors de l'animation à une telle fureur que je crus être en face d'une harpie dont la tête nourrissait des milliers de serpents. Ses yeux lancèrent des étincelles , ses traits se crispèrent; mon fils m'entraîna dehors. Et sorti des griffes de cette mégère, j'avoue que le découragement s'empara de moi, car il ne faisait pas un temps à coucher à la belle étoile.

*
* *

Mais de même qu'un homme qui se noie s'accroche à toutes les herbes du rivage, nous nous accrochons à un paysan qui passe ; il nous conduit chez le Maire. Ce dernier, qui est à sa barrière, nous invite dans l'obscurité à entrer chez lui, et, sur son invitation, ennuis, fatigues, découragement se dissipent comme par enchantement.

*
* *

Dès que M. le Maire eut ouvert sa porte, nous aperçûmes sa femme occupée à nettoyer le ménage. La plupart des meubles et des chaises étaient au milieu de l'appartement et concouraient à ce désordre qui précède tout nettoyement. Cet état de choses me procura de la gêne, car je craignais fort de contrarier la ménagère en tombant au milieu de ses meubles, placés ainsi qu'un jeu de quilles: La moindre gaucherie pouvait nous aliéner la *maîtresse!* et les *maîtresses*, jusqu'alors, nous avaient été si peu favorables que toute notre politique devait tendre à complaire à celle-là : L'intérêt seul fait les plus grands comédiens.

Cependant nous restions indécis, la ménagère, au milieu de son mobilier, nous regardait avec un flegme inébranlable, et l'invitation de passer dans un autre appartement ne venait pas.

Lorsque j'eus décliné nos noms devant la *maîtresse :* « Ma foi ! me répondit M. le Maire nous faisons bâtir en ce moment, et comme pour bâtir souvent on démolit, par contre-temps nous sommes les uns sur les autres dans cette partie de maison peu commode. Je regrette infiniment de ne pouvoir vous obliger ! je vais du reste vous indiquer une bonne auberge à St-Jouen et vous mettre dans le chemin qui y conduit.

Ce n'était certes pas la peine de nous inviter à entrer pour nous faire cette proposition. C'est tout simplement que M. le Maire a voulu voir distinctement les gens qui passent dans sa commune, le soir, en cherchant un logis. A présent, me dis-je, que sa curiosité est suffisamment éclairée, grâce à sa *chandelle*, la réponse qu'il devait nous faire à sa barrière nous échoit. Toutefois la femme ne fut pour rien dans ce refus ; en notre présence elle n'ouvrit pas la bouche, mais son mari n'a que trop éprouvé, peut-être, la compensation qu'elle s'est accordée, ensuite.

Car rien n'est plus à craindre que l'eau qui dort ; le feu qui couve et la femme qui se tait.

Au moins là ce fut avec tant de bonhommie qu'on nous mit à la porte, que je me laissai faire de même. Ce Maire m'a paru le plus honnête du monde, est-ce parce que ceux à qui je dus naturellement le comparer, le rendent meilleur à mes yeux ; est-ce parce que je m'habituais à ces accueils négatifs ? est-ce enfin parce que sa proposition de nous mettre sur le chemin de St-Jouen me souriait d'autant plus qu'elle nous rendait à la falaise? il n'importe.

Je saluai la ménagère et nous sortîmes aussitôt, accompagnés de son mari.

Mais n'ai-je pas eu bien raison d'écrire en commençant « qui sait réellement où il va?» et l'espoir n'est-il pas comme ces lanternes sourdes qui nous laissent dans les ténèbres, nous éclairent ou nous éblouissent, suivant la manière dont nous les tournons ?

*
* *

— Monsieur, répéta le Magistrat rural, soyez certain que vous trouverez une bonne auberge à St-Jouen. Je vous engage d'ailleurs à vous y présenter de ma part.

L'hôtellier Aubourg est de mes amis. C'est un garçon qui a été soldat et qui vous recevra parfaitement !... Par ici, Monsieur, ajouta le complaisant magistrat ; vous en avez pour trois quarts d'heure.... il n'y a pas à se perdre en prenant toujours la droite.

Et pourtant, pensai-je, beaucoup ont fait leur chemin en prenant la gauche. Je me gardai bien, toutefois, de rappeler à M. le Maire qu'il y eut jadis une opposition ailleurs que dans son conseil, et je lui adressai nos remerciments.

— N'oubliez pas de faire mes compliments à Aubourg, ajouta-t-il.

— Soyez persuadé que nous n'y manquerons pas.

Or, nous eûmes à peine quitté le brave homme que nous trébuchâmes dans des ornières et des fossés pleins d'eau ; petits désagréments qui n'étaient rien pour moi, puisque nous sommes ainsi faits que, pourvu que nous arrivions à nos fins, même par les plus mauvais chemins du monde, nous en sommes encore fiers. Dès le matin j'avais formé le projet de venir coucher à St-Jouen ; après maints détours j'allais toucher au but : c'était assez de bonheur !

*
* *

On ne nous a pas plutôt parlé d'un lieu et d'une personne qui nous sont inconnus que nous prêtons un site au premier, une figure à la seconde et même un caractère. Ma pensée me devançant à St-Jouen y trouvait donc notre futur hôtellier, l'ancien soldat Aubourg, décoré d'une balafre digne d'un Guise, d'une grosse paire de moustaches grises et d'un air tant soit peu cassant. Son habillement, dans lequel le liseré garance entrait pour quelque chose, était complété par un képi, et les boutons de son gilet portaient encore le numéro du régiment dont il fut l'ornement.

*
* *

De son côté, la pensée de mon fils l'emportait sur l'aile de la nuit vers son nid habituel, et laissant échapper un soupir : hélas ! que ma mère doit s'impatienter de nous attendre en vain, dit-il.

— Bien certainement, répondis-je, elle ne se doute guère que nous cheminons en ce moment par ici : Il y a toujours quelque plaisir à n'être pas où l'on nous croit.

— Les vois-tu, ma mère, Berthe et Rosa, écouter chaque fois qu'un passant arrive en face de la maison? « Les voilà! chut!! tais-toi donc Berthe! » Puis les pas s'éloignent et ma mère répète : « Non ! pas encore !! mais que font-ils ? »

— Holà là !!! m'écriai-je. Pardi ! ce qu'ils font !! ils se fourrent dans l'eau jusqu'à mi-jambes.

— J'arriverai encore plus propre que toi, reprit mon fils, d'un ton superbe !!

— Plus propre ! répondis-je. — Crotté jusqu'à la cheville, Paul est sale auprès de Jacques, toujours tiré à quatre épingles ; mais à côté de Pierre, embourbé jusqu'à l'échine, il vante sa *netteté* : Que de gens propres au moral par le même procédé ?

*
* *

Nous passâmes alors le long d'une clôture dont la porte ouverte nous permit de voir une maison éclairée. Puis nous arrivâmes à un carrefour de village, bifurcation qui conduit ordinairement à différents hameaux.

La crainte de prendre une route qui ne fût pas la bonne pour nous, nous fit revenir sur nos pas et entrer dans la cour de l'habitation que nous venions de laisser à notre droite. Un roquet qui occupait l'entrée de la maison, en aboyant de toutes ses forces, me fit reculer, mais mon fils, plus hardi, marcha droit à la porte.

— Ah! le poltron, fit-il, en voyant le chien se sauver.

Je crus vraiment que cette épithète s'adressait à moi, je pressai le pas et arrivai de suite à la maison où se trouvaient trois personnes. L'une était le *frater* du village, l'autre son patient, la figure barbouillée de savon; la troisième un spectateur qui attendait son tour de restauration.

Qui nous répondit? on ne saurait se tromper. Le *frater* s'éloigna de sa pratique, se posa en Apollon, et passant avec grâce son léger rasoir sur la paume de sa main gauche, il multiplia les renseignements à l'infini.

— Enfin, Monsieur, répliquai-je, il faut je crois, suivre le chemin qui passe devant la cour et appuyer toujours sur la droite.

— C'est ça même, reprit le *frater*, de cet air satisfait de tout homme qui se dit : Je suis compris ! !

— Eh bien ! ! ! fit tout-à-coup mon fils en se sentant tirer par son manteau.

C'était le chien qui, après avoir été poltron était lâche, et comme tel, se vengeait des moqueries de l'enfant en essayant de le mordre par derrière : Combien de gens hargneux agissent ainsi, et déchirent à belles dents ceux qui sortent, après avoir fait les chiens-couchants devant eux ?

* * *

Je ne pourrais dire que ce fut la satisfaction de nous trouver dans le *bon* chemin qui nous rendit quelque gaité, car il était toujours bordé de petits lacs qui nous obligeaient à des bains de pieds dont la surprise nous arrachait des oh !! et des ah !! terribles.

Sur la falaise les mêmes interjections avaient exprimé l'admiration : le sens des mots étant dans le ton qu'on leur donne, bien plus encore que dans la lettre.

Quelquefois mon fils se rapprochait de moi pour prendre mon bras que je l'engageai à laisser, tant il en usait comme d'un bâton de vieillesse. Puis le chemin qui était au niveau de la plaine sembla s'abaisser, nous nous engageâmes dans une petite cavée, nous y entendîmes des voix qui se répondaient vivement ; nous doublâmes le pas et accostâmes des jeunes gens qui, cinq minutes après, entraient avec nous à l'auberge de St-Jouen. Enfin nous étions sûrs d'un abri, et cette assurance nous rendit une telle sérénité que toutes les personnes de la maison nous parurent aussi aimables... *qu'elles le sont réellement.*

De la cuisine où nous étions entrés, nous passâmes dans une salle où nous tombâmes exténués sur des tabourets.

— Eh bien ! dis-je à mon fils, si je n'avais pas eu la faiblesse de t'écouter, il y a deux heures que nous serions ici, et nous n'aurions pas quitté la pelouse de la falaise.

— Qui sait, répondit-il, si en suivant ses bords escarpés à la fin du jour, nous ne serions pas tombés dans quelque gouffre?

— Tu as raison, repris-je, il faut remercier Dieu de tout.

— Monsieur a-t-il commandé quelque chose? me dit en s'approchant un homme avec toute sa barbe, que je pris pour un officieux habitué de la maison.

— Oui, Monsieur, répondis-je, en le remerciant de sa prévenance.

Et pendant que je jetai un coup d'œil sur l'ensemble de l'hôtel, mon fils alla demander ce qui nous manquait encore pour être complétement à l'aise. Autour des tables voisines de la nôtre, je remarquai plusieurs des jeunes gens qui étaient entrés avec nous ; un petit bonhomme d'une gaieté folle jouait aux dominos avec une jeune fille qui paraissait mettre la plus grande complaisance à l'écouter. Je cessai d'observer pour chausser les sandales qu'une autre jeune fille m'apporta ; quant au soldat Aubourg je ne le voyais nulle part, et je l'avais même complétement oublié, lorsqu'on nous pria de nous mettre à la table que l'on venait de dresser pour nous.

Il suffit de savoir qu'il était neuf heures et demie du soir , que nous n'avions rien pris depuis onze heures du matin, — sauf la croûte de pain que mon fils avait dévorée, — et que depuis ce temps nous avions fait au moins vingt-quatre kilomètres, pour comprendre tout le plaisir que nous éprouvâmes à manger.

Lorsque nous eûmes fait honneur au premier service, et que nous nous sentîmes dans cette heureuse disposition que donne la satisfaction de l'estomac, nous échangeâmes quelques mots, mon fils et moi, en riant de nos déconvenues : on se venge du malheur passé, en le raillant de tout son cœur.

* * *

La personne officieuse qui passait de la salle à la cuisine et allait toujours de table en table en habitué, pensa que le moment était venu de causer avec nous. Elle vint s'asseoir à côté de mon fils, qui était en face de moi, et s'informa du plaisir que nous procurait le repas. Le moment était favorable, en effet, pour entrer en conversation. Nous attendions le second service, nos pieds étaient à l'aise et à sec dans de bonnes sandales; nous étions enfin dans la situation de toute personne qui, la souffrance passée, se trouve aussitôt dans le meilleur des mondes possibles.

Nous ne pûmes, toutefois, parler de notre voyage sans que l'aimable causeur nous parlât de lui-même: la grammaire ne nous apprenant pas pour rien que la *première personne* est *je* ou *moi*!!

* * *

Comme je me demandais inutilement qui pouvait être notre interlocuteur.

Monsieur, reprit-il, *j'ai* tous les ans plusieurs

artistes ici ; ils y passent une partie de l'été ; les baigneurs d'Etretat y viennent aussi. L'année dernière, Messieurs de Villemessant, Crémieux, Léon Battu et autres sont venus dîner chez moi. Si mon dîner était épicé, leur conversation l'était bien autrement. Au reste ces Messieurs se sont trouvés si bien traités que M. de Villemessant m'a envoyé son *Figaro* plusieurs fois. J'y ai reconnu de ses mots ; je ne les comprenais pas toujours, mais je les sentais comme on sent une pointe dans son soulier.

J'avais mis la main sur l'hôtellier qui se dissimulait à mes yeux sous les dehors d'un artiste, tandis que je le cherchais sous l'habit d'un invalide, ou tout au moins sous l'expression mauresque d'un soldat bronzé d'Afrique.

— C'est donc vous, répliquai-je, qui êtes le chef de la maison?

— Oui, Monsieur.

Très bien, me dis-je, l'apologie que tu viens de nous faire de Figaro, que tu as si bien traité *(moyennant finances)*, c'est tout simplement pour donner du *chic* à ton auberge : avis aux consommateurs.

— Est-il vrai, repris-je, que vous ayez été soldat? le Maire du village voisin, qui nous a enseigné le premier votre maison, et qui nous avait recommandé de nous y présenter de sa part, nous l'a affirmé.

— Certainement, Monsieur, j'ai fait un congé... et depuis ça douze enfants.

— Ces demoiselles qui nous servent sont donc vos filles?

— Et ce jeune homme coiffé d'une casquette, qui joue là-bas aux dominos, mon dernier fils

Là-dessus notre hôte nous initia à ses heurs et malheurs de famille. Un de ses fils est cuirassier; un autre, en qualité de marin, a fait naufrage près d'une île à laquelle il s'est cramponné, et où il est entrain de faire fortune, si bien qu'il n'a pas le temps d'écrire à ses parents ; un autre........ Mais je laissai aller le narrateur tout seul en me disant : Nous y voilà bien, après avoir parlé de nous, de notre état, de nos enfants (cette autre partie de nous-même), nous trouvons le moyen de parler de notre fortune si nous en avons, de nos parents riches ou de nos riches connaisances.

J'ai connu un ancien apothicaire qui faisait aboutir toutes les conversations à sa petite ferme ou à sa grande ferme, et qui ne trouvait comme variations à tous entretiens que le talent de son fils sur la flûte. J'en connais un autre qui me raconte toujours les mêmes histoires et finit inévitablement par me conduire à Ingouville, où se trouve perché le nid de ses souvenirs. Pour me venger des pâtés d'anguilles qu'il ne cesse de me servir, je ne manque pas de lui faire avaler, de temps en temps, deux ou trois de mes tartines, au risque de l'étouffer; et je laisse à juger si je dois au moins le rassasier.

* * *

Notre hôte, qui avait trouvé bon de mettre un point à sa narration et de clore un chapître, revint à nous au dessert; il renoua la conversation en demandant si le fromage était bon, s'assit et ajouta, en fixant la muraille qui lui faisait face : « Entre autres artistes qui ont été mes pensionnaires, je compte Messieurs Aubert, Gleyre et Toulmouche, La tête de jeune fille que vous pouvez apercevoir en vous retournant, c'est le portrait d'*Ernestine* par M. Hamon. Cet artiste était encore ici, il y a quinze jours.

C'est chez nous qu'il a fait le dessin de son beau tableau des orphelines, et il y est revenu cette année avec la croix-d'honneur. Au dessus d'Ernestine, c'est le portrait de mon dernier fils, et de l'autre côté c'est ma fille Blanche, par le même. Comme vous voyez, il a abandonné ses teintes grisailles pour adopter le coloris limpide. Plus loin, au fond de la salle et presque à l'angle, c'est ma fille Clémence, par Toulmouche ; enfin, Monsieur, au dessus de votre tête est une petite toile chargée d'une esquisse de falaises, par un artiste en convalescence qui m'avait promis de revenir, mais que je n'ai pas eu le plaisir de revoir.

A mesure que je me retournais pour découvrir les œuvres inachevées des artistes, la salle se peuplait de peintres, parmi lesquels accouraient des littérateurs, des journalistes, des dramaturges de toutes les écoles; et au moment où je crus voir Figaro prêt à donner un coup de *lancette*.

— Monsieur reprit l'hôtellier, voici encore un coup de pinceau de M. Hamon. Je trouvai ce petit galet sur la plage en me promenant, et l'artiste y suspendit de suite cette tête de femme. — Peu connaisseur en peinture, je me gardai bien de juger l'œuvre que l'hôte reserra précieusement; je demandai un modeste cigare de dix, centimes; et au travers des nuages qui prirent toutes les nuances de l'arc-en-ciel en tournoyant au-dessus de la lumière, M. Aubourg me fit admirer bien d'autres œuvres. — Ces Messieurs, reprit-il veulent que je lambrisse ma salle, et tous, artistes, hommes de lettres, prétendent faire les frais de décoration. Ce serait sur les panneaux des croquis originaux, des maximes, despaysages, des têtes, des distiques, des épigrammes, des natures mortes et des marines.

Ces œuvres projetées, qui seraient toutes d'inspiration et jailliraient très souvent après-boire, me rappelèrent l'hirondelle de Vernet au plafond du café Foy. Satisfait d'avoir captivé notre attention et notre imagination par les ombres qu'il venait d'évoquer, M. Aubourg nous quitta; mais petit-à-petit les artistes disparurent et nous laissèrent au milieu des habitués qui jouaient et buvaient encore.

La pendule marquait dix heures; le jovial vieillard (ayant nom *père François*) remuait toujours les dominos avec la jeune Ernestine, qui a penché la tête si gracieusement sous le pinceau d'Hamon. On faisait encore verser quelques rasades; et je me pris à déplorer l'état des mœurs au village.

Plus de différence entre une bourgade des bords de la mer et la banlieue de Paris. Voilà des jeunes gens qui, loin de leurs familles, dépensent dans la soirée du samedi une grande partie de ce qu'ils ont gagné dans la semaine. Autrefois ils se seraient assis autour du foyer de leur maître ou de leur père; les vieux serviteurs auraient raconté quelque légende enjolivée par leurs aïeux.

Sous les yeux de leurs aînés, les jeunes gens eussent échangé avec les jeunes filles quelques paroles sympathiques, quelques mots d'amour; et le couvre-feu les eût conduits chacun à son lit. Aujourd'hui le foyer domestique est désert; les jeunes gens vont dissiper le temps du repos au cabaret; les jeunes filles qui ne trouvent plus sous les yeux de leurs parents ces douces émotions, que cherchent naturellement leurs cœurs, épient l'occasion de courir par les rues, la nuit; et telle qui eut été ravie de recevoir au coin du feu un honnête baiser, succombe dans les ténèbres à d'impudiques tentations dont les voiles de la nuit ne cacheront pas longtemps les suites, car la dépravation escortée de tous les vices que la débauche enfante l'assaillira bientôt, et sa chûte peut-être l'entraînera dans le crime!

Sous l'impression fâcheuse de ces réflexions, je sentis naître en moi le désir de quitter cette salle d'auberge. Je demandai notre chambre où l'on nous conduisit. Nous donnâmes nos cœurs à Dieu, une pensée affectueuse à ceux qui nous pouvaient attendre encore, et, sans songer que je venais de critiquer mon siècle, fier des beautés et des grandeurs qu'il voit partout où s'infiltre sa civilisation, je m'endormis en embrassant mon fils.

DEUXIÈME PARTIE.

Une gorgée d'eau du fleuve léthé ne m'eût pas fait oublier les fatigues et les impressions de la veille mieux que mon sommeil de quelques heures. A mon réveil je regardai autour de moi d'un air étonné, en apercevant des meubles qui m'étaient étrangers. En me frottant les yeux, il me sembla que le souvenir m'était rendu ; en examinant les objets les uns après les autres, je reconnus que, si notre hôte a été soldat, il appartient bien plus par son caractère, par ses goûts et ses recherches, aux beaux arts et à la nature, qu'au grand art militaire. Ici ce sont des gravures anciennes, reproduisant le Christ ! sous les traits de l'*Ecce Homo* ; là une gravure plus moderne où le Dieu du Parnasse couronne la Vérité ; sur un secrétaire en noyer, où s'étale Piron à côté du Cantique des Cantiques : des réseaux de corail, des galets rugueux, des plantes marines, une carapace de tortue, des coquillages étranges et des pétrifications qui rappellent les commencements ou les restes des collections d'un naturaliste ; sur une commode, au milieu de vases dépareillés, des écailles de nacre dont les ondulations imitent le plus beau firmament. Une espèce de crosse, suspendue à la muraille, attira mes regards sans que je pusse deviner si c'était les débris réels d'un sceptre pastoral où les caprices d'un végétal. Cette curiosité me fit sortir du lit, je la considérai inutilement ; sa légèreté, due à une siccité complète, me surprit, et je dûs attendre qu'on m'en indiqua la nature : C'est une branche de frêne.

En pensant qu'il nous fallait entendre la messe et déjeûner pour reprendre ensuite notre promenade sur la falaise, j'appelai mon fils, qui goûtait encore les douceurs du repos. Avant que l'enfant fut complétement habillé, je descendis et trouvai nos hôtes prêts à s'informer de nos santés et à nous accueillir avec de riants visages.

Il semble, dès qu'on a couché sous le même toît, qu'on soit presque de la même famille; et quoique l'argent soit le mobile de l'hôtellier, il existe entre lui et le voyageur qui séjourne dans sa maison une sorte d'intimité dont les principes, au fond, sont des sentiments d'hospitalité. Par ses soins, l'un a gagné la confiance du voyageur, parfois son amitié.

Par le récit de ses plaisirs ou de ses peines, l'autre souvent a obtenu des marques d'amitié qui le console de l'éloignement des siens ; et je suis persuadé que bien des voyageurs du commerce ont ainsi plus d'une famille, et que, suivant l'âge des hôtes et le leur, ils rentrent dans certains hôtels comme des frères, des neveux ou des fils rentrent chez leurs parents.

* * *

Au retour de l'église nous trouvâmes trois couverts mis dans la salle, et notre hôte nous demanda si nous voulions admettre à notre table une personne qui se tenait près de lui. Cette personne repondit aux désirs que nous témoignâmes de lui être agréables par un salut, et prit place auprès de nous.

Lorsqu'on se met à table après une longue marche, la faim parle si haut qu'on est forcé de se taire ; mais lorsque, levé depuis une heure à peine, on déjeûne par précaution plutôt que par besoin, la conversation commence avec le repas et l'on dépense en paroles plus que l'on ne gagne en nourriture.

Soit que notre convive, homme du pays, fut instruit de nos marches de la veille et nous en ait parlé, soit que j'aie mis la conversation là-dessus moi-même, les refus que nous avons essuyés devinrent le sujet de plusieurs réflexions contraires. Notre convive nous fit observer qu'il comprenait fort bien que tels et tels nous aient refusé l'hospitalité. C'est, reprit-il, que ces personnes ont été trompées plus d'une fois sans doute, et firent du bien à des gens qui ne le méritaient pas. Puis il nous raconta, pour appuyer son dire, qu'un homme avait emprunté son nom et s'était fait donner ainsi l'hospitalité chez les amis de son père : « comme ce fut amusant pour moi, répétait-il, d'apprendre que j'avais passé pour un homme dans la misère !! »

*
* *

Si j'avais répliqué, j'aurais commencé par dire à notre convive : « Beaucoup sont dans la misère qui valent mieux que toi ! et ensuite le bien qu'on a fait à cet homme par rapport à ton nom n'en comptera pas moins aux yeux de Dieu. Il punira l'un pour avoir menti et récompensera l'autre pour avoir donné. » Mais je refoulai ma pensée qui me criait encore : dis donc à ton convive qu'il tient le langage de l'homme du siècle qui toujours prête à usure ; qu'un de ceux à qui tu t'adressas est le ministre de celui qui a mangé avec les voleurs, qui a relevé la femme adultère ; qui n'a craint ni le baiser de Judas, ni les verges du peuple ni la lance du bourreau, qui n'a connu que la charité, le sacrifice et le pardon !!!

Dis à cet homme que selon toi, les ministres de Jésus-Christ ne devraient être jamais assez riches d'argent pour craindre les voleurs, jamais assez pauvres de cœur pour refuser un abri ; mais que tu pardonnes à ceux qui subissent les influences du siècle, puisque leurs parents, riches ou pauvres, ont pensé leur donner le *meilleur des états*.

Dis-lui, hélas! qu'aujourd'hui celui qui répète qu'il faut mépriser les biens terrestres et celui qui l'écoute, sont la plupart du temps deux sourds : le premier qui parle sans s'entendre lui-même, le second qui fait mine d'écouter sans en entendre davantage. Dis-lui enfin que ceux qui se dépouillent, qui font le bien, qui prêchent d'exemples, quel que soit leur nombre, sont assez, cependant, pour ne pas faire désespérer du monde! ni de la charité du Christ!!

Mais aurai-je voulu répondre à mon convive tout ce que me criait ma pensée, je n'eusse pû le faire, car il était sorti subitement avec mon fils.

A ce mot : Une folle!! la salle était devenue déserte.

*
* *

— Ah! *çà* fait mal à voir!! dit mon convive, au milieu de ceux qui l'avaient suivi tout-à-l'heure, « ses traits ne sont pas encore fort altérés, son costume n'est pas débraillé comme celui des insensés, mais *ça* fait mal à voir!!! répéta-t-il.

Il me sembla, à partir de ce moment, que si j'exprimais les sentiments dont j'étais plein, des explications, que le lieu m'empêchait de provoquer, s'en suivraient certainement. Je crus plus simple de répondre à tous propos par des banalités de langage qui me laissèrent libre de réfléchir et d'observer.

Celui-ci rappela les gestes de la folle, celui-là ses paroles ; une autre personne, qui sous un air de pitié cachait mal sa malignité, demanda si cette femme est heureuse en ménage : pas un curieux ne laissa échapper un mot charitable.

— « On devrait l'enfermer, au moins, reprit notre convive.

— Eh quoi! me dis-je, c'est toi qui te plains que cette folle fait mal à voir? qui t'obligeait à courir après elle, à aller l'irriter par ta présence? un peu de compassion à son malheur n'eût-il pas été préférable à ta curiosité comme à la malignité de cette autre personne qui semble accuser le mari de la folie de sa femme?

« On devrait d'autant plus l'enfermer, Monsieur, reprit mon voisin avec la persuasion que mon silence lui était un applaudissement; on devrait d'autant plus l'enfermer qu'elle devient folle chaque fois qu'elle rencontre un cimetière sur son passage. Elle a, dit-on, acheté des couverts pour ses parents morts, et prétendait porter à manger sur leurs tombes.

— Eh bien, Monsieur, repris-je, cette action, folle pour nous, serait pour d'autres une action religieuse; il est des peuplades du Nouveau-Monde (rien n'est plus nouveau que ce qui est très ancien);

Oui, Monsieur, il est des peuplades du Nouveau-Monde qui croient que les morts ont besoin de nourriture durant un certain temps, et vont en déposer sur les tombes de leurs parents. (1) Ceux-ci, me direz-vous, savent ce qu'ils font, mais cette folle, non!. Les naturels d'Amérique savent si bien ce qu'ils font que plus d'un ayant appris des Européens que les mets qu'ils donnent aux morts sont la pâture de leurs prêtres, leur usage a cessé en même temps que leur croyance.

Et que serait pour vous un homme qui n'ayant pas un sou, pas de souliers aux pieds, pas de tunique au dos, n'ayant enfin que ce regard qui darde comme la flamme; que serait cet homme si, après avoir refusé les libéralités d'un roi, il venait vous dire : « Je cours distribuer des aumônes, secourir l'orphelin et nourrir le vieillard débile !! »

---

(1) Les chefs ou rois des Huns étaient vénérés de telle sorte qu'après leur mort leurs femmes et leurs esclaves continuaient à les servir comme s'ils étaient encore envie. Cet usage qui se pratique en Chine aujourd'hui même se pratiquait jadis en France, où jusqu'à Louis XIV, on servait les rois défunts quarante jours après leur mort. (LEFRANC. *Histoire du Moyen-Age.*)

Je le répète : quel serait pour vous cet homme sinon un fou ?

Eh bien ! ce fou ! ! c'est Saint François-Xavier ! ! ! Pensez-vous que par *prudence*, que par crainte de faire du bien à des gens peu méritants, celui-là eût refusé de partager son abri ?

Oui, oui , repris-je en moi-même pour ne pas réveiller notre convive enseveli dans les préjugés de son siècle, oui ! à chaque religion son grain de folie, et sitôt que ce grain de folie est desséché par la raison au lieu d'être fécondé par l'amour !! plus de religion !!!

Une philosophie sèche ! une froide indifférence ! un scepticisme aveugle, des marchands dans la rue, des marchands dans le temple ! ! !

C'est assez qu'un objet qui captive notre vue, un mot qu'on nous adresse, pour nous faire passer des plus graves méditations à la conversation la plus futile, et de même que de la folie accidentelle de la pauvre villageoise, occasionnée par quelque violent chagrin, j'étais arrivé à cette sublime, à cette divine folie qui se gagne de siècle en siècle, qui passe de génération en génération, qui fait de nouveaux apôtres et soutient de nouveaux martyrs; à cette folie enfin que Saint Paul appelle *la folie de la croix!!* de même il me suffit d'apercevoir des bâtons à têtes sculptées placés sur une table voisine de la nôtre, pour songer et être rendu à la société qui s'était accrue de notre hôtelier. — Monsieur, dis-je à mon voisin, pendant que *M. Aubourg* s'écartait afin de nous aveindre les cannes, notre hôte ne fait pas son état bien certainement?

— Il est ébéniste, reprit tout bas mon voisin, les vieux meubles, les vieilles porcelaines, les vieux livres, tout ce qui sent son maître dans les arts comme dans les lettres et qui a passé sous ses yeux, tout a été à lui.

J'en savais assez pour être certain d'avoir bien jugé cet homme ; et cette certitude fut pour moi une satisfaction qui venait bien plus de l'orgueilleux plaisir d'avoir bien jugé, que de l'agrément d'avoir rencontré un artiste manqué.

*
* *

Au milieu de la conversation, mon fils jeta aussi son bâton et l'arrêta court : – onze heures ! dit-il.

— Onze heures ! répondis-je, payons et partons.

*
* *

L'hôte, en recevant son dû, nous offrit un verre de rhum ; le convive se leva et ajouta à la santé qu'il me rendit, que si nous nous étions présentés chez lui la veille il eut été heureux de nous donner l'hospitalité.

— Vous êtes trop aimable, repris-je en saluant ; et comme nous partions après avoir fait nos adieux à tous les gens de la maison : « Allons donc ! me dis-je, c'est vieux ça ; mon bon, ton offre d'hospitalité au sujet de nos refus d'hier, quand nous sortons de l'auberge — c'est l'histoire de la fille à marier, que tout le monde demande quand elle est *placée*.... fallait au moins payer la carte.

Le spectacle de la campagne et de la mer nous était enfin rendu ; les villageois qu'on rencontrait portaient sur le visage cet air de fête que donnent les habits propres du dimanche ; nulle part, dans les champs, le fouet ne pressait l'attelage. A l'hymne qui montait du temple vers le ciel, les oiseaux ajoutaient quelques chants mélodieux, les cimes de la falaise nous rappellèrent les tourelles d'un manoir. Sur la vaste pelouse, ou des bruyères et quelques fleurs d'automne variaient les nuances, paissait un troupeau de brebis ; c'était partout le même calme, et quoique sur la mer pas une barque, pas un navire, pas une péniche ne brisât les flots, je me plus à songer aux émotions de nos marins découvrant au soleil levant les côtes de la France !! quelles délices pour eux de jouir de ces panoramas de profondes vallées, de fraîches oasis, où les toits de leurs pères reluisent au soleil, où les futaies qui grandirent avec eux balancent leurs majestueuses têtes ? tantôt la côte doit se transformer en gigantesques monuments ; tantôt elle doit se courber comme de singuliers animaux, et toutes ces images doivent les impressionner suivant que l'océan est orageux ou calme. — Pour nous, dis-je à mon fils, qui ne quittons jamais le petit coin de terre où toutes nos affections se réunissent, nous languissons souvent, sans jamais être émus par ce cri du marin qui salue sa patrie !!

Pour bien savoir combien on s'aime, il faut quelquefois se quitter.

De là nous touchâmes à un large ravin ; quelques rares hirondelles y voltigaient en rasant la chaumière attachée à ses flancs ; nous visitâmes ses maisons de pêcheurs qui résistèrent aux torrents de la trombe ; des restes de maisons, des pans de murailles, de véritables ruines, enfin, attestent encore que *Bruneval* fut une vallée de misère où les larmes grossirent les flots. L'enfant y fut ravi aux bras nerveux d'un père, le toît qui l'écrasa seul lui creusa sa tombe ; les familles dispersées y implorèrent en vain la clémence du ciel : elles connurent le déluge! (1)

Mais déjà le souvenir malheureux des jours de deuil s'efface ; à côté des ruines, sur les ruines mêmes, une coquette habitation s'élève. C'est un châlet, un ermitage aux toits pointus, aux balcons découpés, dont les grands yeux de verre étonnent les promeneurs, en brillant au fond du ravin.

Jadis c'était la mer, c'était le flot, qui apportait comme une épave un colon dans nos criques ; leurs radeaux attachés aux roches, les forbans parcouraient la côte, et çà et là plantaient leurs tentes. C'étaient des hommes de toutes les provinces, de toutes les nations, ils étaient marchands ou plutôt ils étaient pirates et pêcheurs ; ils aimaient à lutter soit avec la mer soit avec les hommes. Aujourd'hui c'est Paris qui fait invasion sur toutes nos plages, non pour y venir provoquer la lutte, mais pour s'en éloigner et vivre là de nonchalance durant

(1) En septembre 1842 une trombe ravagea la côte de Normandie depuis Fécamp jusqu'à Bruneval.

quelques jours de l'été! et pourquoi n'élèverait-on pas aussi un toît rustique au *Fourquet?* l'avaleuse n'est pas encore praticable. Mais la pioche y fera ce que le flot à fait ailleurs : une brêche à la grande muraille.

Les douaniers qui descendent sur le rivage à l'aide d'une corde n'en seront pas fâchés; on aura pour voisins Bruneval et le Tilleul avec le cap d'Antifer.

*
* *

Hélas! m'écriai-je, en voyant un douanier qui arrachait aux vagues des débris qu'elles roulaient, cet homme, sans le savoir, prive peut-être ses camarades d'une planche de salut : que de victimes nous devons faire ainsi sans y songer.

*
* *

En touchant au cap d'Antifer nous trouvâmes un compagnon de voyage, nous y admirâmes une agréable solitude dont un financier pourrait tirer parti en plantant quelques arbres au milieu des mousses ; plus haut le pavillon du château du Tilleul égaya l'horizon, quelques mauves vinrent planer sur nos têtes ; un brick suivant le sloop du pilote parut non loin des côtes et nous touchâmes à la *Courtine*, ancienne batterie que son nouveau propriétaire pourra changer en élégant observatoire. De là nous doublâmes par le Mont-Hola ! et de l'avaleuse de Jean-Bourd nous aperçûmes enfin Etretat.

Etretat ! qui n'a pu être encore assez heureux pour compter l'Empereur au nombre de ses hôtes, bien qu'il offre à sa Majesté l'ancien château des Comtes Hocquart comme champêtre asile, la mer pour horizon, une belle route pour principale avenue, un boulingrin pour cour d'honneur, un sentier qui descend du *Tilleul* à la crique, pour explorer les champs, loin de tous importuns. (1)

Etretat ! dont les barques des pêcheurs font place aux cabines des baigneurs ; Etretat

---

(1) Certes le propriétaire du château du Tilleul serait sans peine plus national et plus galant que ce bon M. le Maire de Plombières — qui s'est comporté comme un *logeur*, en louant sa bicoque à l'Empereur tant par jour.

qui doit tant à Alphonse Karr, qui a pour fils et historien M. l'abbé Cochet ; Etretat, le vrai, le pittoresque Etretat ! ! est enseveli bientôt sous des monceaux de briques.

Mais les portes de ses falaises sont toujours ouvertes, quelques hommes de goût ont répondu à son primitif pittoresque par des baraques originales. Hier encore, ce qui faisait le charme de cette baie où le canot vient échouer c'était uniquement son site ; aujourd'hui ce sont ses colons.

Que pourraient chercher là les étrangers si l'on n'y trouvait que quelques épiciers et bonnetiers retirés ? ne serait-ce pas toujours la même histoire ? plus ou moins de coton vendu pour de la laine, plus ou moins de terre brune pour de la chicorée.

Mais c'est l'élégante résidence de M. Meurice qu'ils cherchent ; c'est la baraque de Poitevin, c'est la coulisse de *Figaro*, c'est la villa de *Philomèle* ; et, puisqu'une fois vieux le diable se fait ermite, c'est la clochette du diable Anicet-Bourgeois que tous les étrangers viennent voir. C'est le monde de tous ces pavillons, de toutes ces tentes qu'ils cherchent sur la plage ; c'est le général caché sous l'habit bourgeois, le romancier, le dramaturge , le publiciste qui les attirent , dont ils veulent connaître les traits et apprendre l'histoire; car ce monde est un livre, dont chaque famille est un chapitre et chaque individu un paragraphe.

EPILOGUE

Je vais fort bien à pied. Cependant quand parfois je rencontre un véhicule j'y monte volontiers.

Est-ce une voiture bien suspendue ! je m'endors. Est-ce une charrette ? je suis si bien secoué que je reste éveillé.

Eh bien ! lecteur il y a beaucoup moins de différence que l'on croit entre un livre et une voiture.

Plus d'un beau livre que tu prends afin d'arriver gaiement à la fin du jour t'endort dès le matin ; et le seul espoir que je caresse, c'est que mon style, mal suspendu, t'ait si bien secoué que tu sois arrivé ici plutôt rompu qu'endormi.

www.ingramcontent.com/pod-product-compliance
Ingram Content Group UK Ltd.
Pitfield, Milton Keynes, MK11 3LW, UK
UKHW020350230726
13925UKWH00003B/1060

9 782013 680424